W0217889

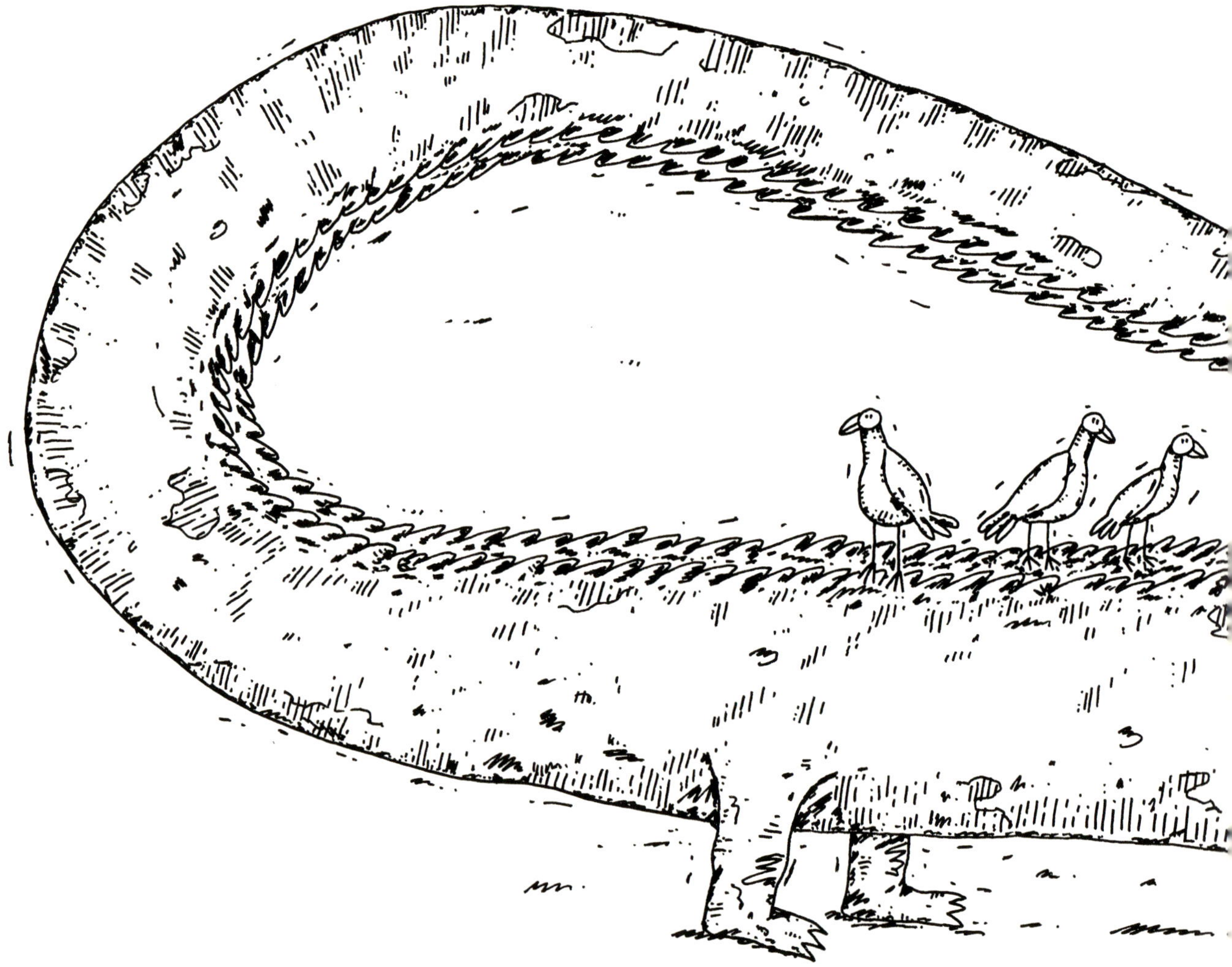

Lektorat: Thomas Minssen
Schrift: Bernd Mölck-Tassel
© 2008 by Bajazzo Verlag, Zürich
Alle Rechte vorbehalten
Lithografie: Fotoriproduzioni Grafiche, Verona
Druck: Uhl, Radolfzell
ISBN 978-3-905871-01-2
www.bajazzoverlag.ch

was tun !?.

von Dieter Böge

illustriert von Bernd Mölck-Tassel

BAJAZZOVERLAG

was tun!?.

Da kann man nichts machen,
du musst  was tun.

Jeden Tag wird auf der ganzen Welt etwas getan.
Auf den Straßen und in 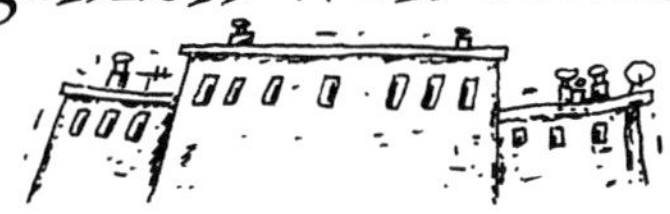 allen Häusern,
auf Baustellen  und Bühnen,
auf Flughäfen und Plantagen,
in Schulklassen,  Schwimmbädern und Fabriken.
Überall arbeiten Menschen für sich und für andere.
Und wenn du es dir genau überlegst,
kann keiner was alleine tun.

Natürlich kannst du alleine ein  Bild malen.
Aber wer hat den Pinsel gemacht?
Und wer das Papier?
Wie kommt der Zeichenblock in den Laden?
Und wer hat den Laden gebaut?

Du könntest dich den ganzen Tag bedanken,
bei Leuten, die du gar nicht kennst.

willkommen an Bord ...
53
piep..

organisieren

Die meisten  Leute arbeiten im Büro.
Man sieht jedoch nicht, was sie tun. 
Sie telefonieren und klicken mit ihren Computermäusen,
sonst geschieht fast nichts im Büro.
Dort jedoch, wo sie anrufen,  da geht's rund:
Lastwagen werden beladen,
Hotelzimmer geputzt, 
Hubschrauber mit Ersatzteilen zu Bohrinseln geschickt,
und Schulbusse werden im letzten Moment
vor Glatteis gewarnt.
Gegen Feierabend sind die Büroleute davon völlig erschöpft,
denn sie haben im 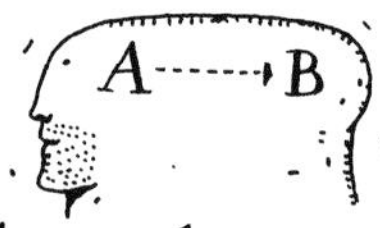

Kopf alles mitgemacht,
vorausbedacht und geplant.

Kein Problem!
Geht auch morgen?

backen

In der Bäckerei wird schon nachts Teig geknetet.
Lange bevor es draußen  hell ist,
werden die Öfen angeheizt.
Es wird mollig warm in der Backstube,
wärmer als in deinem Bett. 
Und wenn du aufstehst,
sind die Brötchen fertig.
Wann eigentlich frühstücken wohl die  Bäcker?

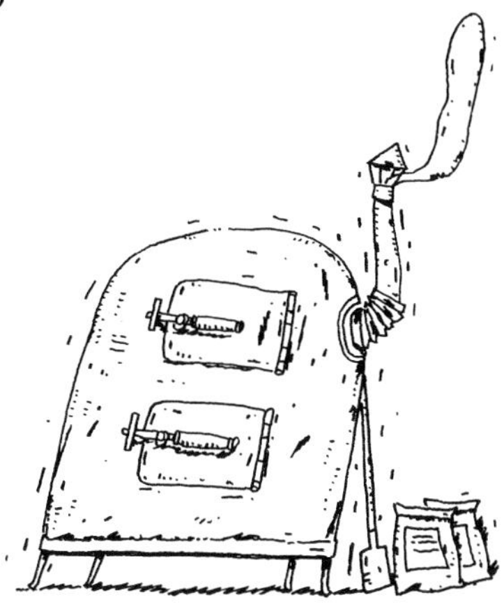

laufen

Laufen ist eigentlich kein Beruf.
Laufen ist eine einfache, natürliche, menschliche Tätigkeit.
Unser Körper ist dafür gemacht. Darum ist laufen auch gesund,

besonders wenn man langsam läuft.
Wer schneller läuft, schneller als die anderen,
kann damit auch Geld verdienen.
Als Berufssportler, also als Profi.

bauen

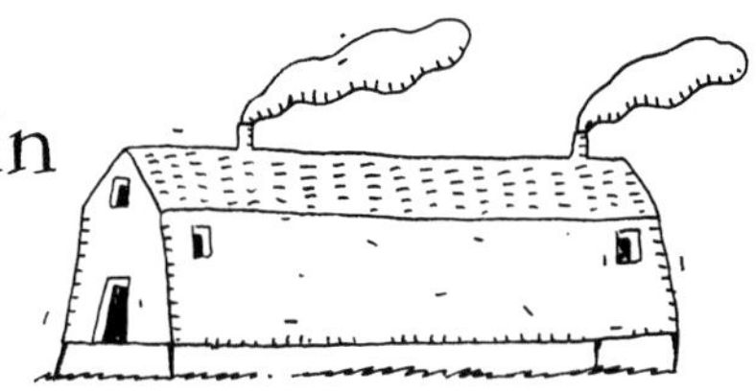

Ein Haus soll schön sein
und natürlich praktisch.
Ein Architekt entwirft dazu den Plan.
Dann bauen die Handwerker das Haus.
Alle kommen nacheinander dran.
Wenn die Maurer mit den Wänden fertig sind,
bauen die Tischler Türen und Fenster ein.
Und bevor die Dachdecker anfangen können,
müssen erst die Zimmerleute den Dachstuhl bauen.
Oft tragen sie altmodische Kleidung und riesige Hüte.
Gegen den Wind und gegen die Sonne,
und weil es toll aussieht.

Holz!
Kommt!

Hilfe!

helfen

Zum Glück hat man nur selten Pech.
Bei den meisten Leuten brennt es zum Beispiel nie.
Trotzdem ist die Feuerwehr  rund um die Uhr im Einsatz.
Die Stadt 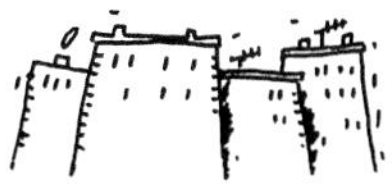 ist groß, und irgendwo ist immer jemand,
der sich nicht selbst helfen kann.
Oft hörst und manchmal siehst du auch die Feuerwehr
und kannst nur raten,  was geschehen ist.
Muss jemand gerettet werden aus lodernden Flammen?
Ist er eingeschlossen von giftigem Qualm?
Oder sitzt er nur  im Fahrstuhl fest?
Auf jeden Fall hat jemand angerufen.
Kennst du übrigens die Nummer der Feuerwehr?

lernen

Als das Leben  noch wild und gefährlich war,
konnte niemand lesen  oder schreiben,
und es gab weit und breit keine  Schule.
Nirgends.
Dennoch mussten die Kinder etwas lernen.
Feuer  machen, zum Beispiel,
Früchte sammeln und Bären jagen.
Sie mussten schlau und mutig sein.
Alles, was die Menschen seitdem erlebt und verstanden haben,
kannst du heute im Museum sehen
und aus dicken Büchern lernen.
Manche Bücher sind jedoch so  dick,
da brauchst du etwas Mut, um anzufangen.
Aber passieren kann eigentlich nichts.

forschen

Forscher wollen unbedingt etwas wissen,
aber sie können keinen fragen,
weil niemand die Antwort weiß.
Sie müssen die Antwort selber finden.
Sie suchen im Dschungel
und auf hoher See.

Affenforscher beobachten jahrelang Affen.
Andere suchen in einem Forschungslabor.
Sie schauen durch Lupen und Mikroskope.
Sie messen alles genau aus,
schreiben alles auf,
und manchmal entdecken Forscher etwas,
das sie gar nicht gesucht haben.
Zum Beispiel Amerika.

fischen

Unter all den rauen Meereswellen
schwimmen irgendwo die Fische.
Wo? Und wie tief?
Das kannst du nicht sehen.
Wenn du die Fische fangen willst,
musst du es aber irgendwie wissen,
sonst werden nur die Netze 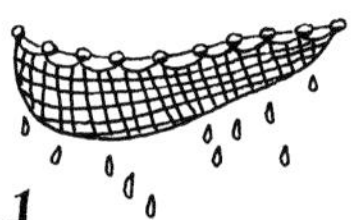 nass
und schaukeln leer im Wind.

Moderne Kutter haben deshalb Echolot an Bord.
Damit kann man Fischschwärme unter Wasser finden.
Die Fische wären wohl lieber unsichtbar geblieben,
den  Möwen aber ist es recht.

ANNA

MOTHER

Bilder malen

Schon vor dreißigtausend Jahren
haben  Höhlenmenschen Bilder gemalt.
Tiere und Jäger,   direkt auf ihre Höhlenwand.
So wissen wir, was ihnen wichtig war,
obwohl sie noch nicht schreiben konnten.
Wer für sich selbst zeichnet und malt,
kann von seiner eigenen Welt erzählen. 
Du kannst malen,  was dir gut gefällt,
doch jeder findet etwas anderes toll.
Wer als Beruf für andere Leute 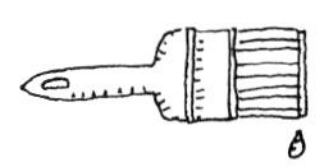 malt,
muss darum etwas Rücksicht nehmen,
auf fremde Wünsche und Ideen.
Ein Seemann  träumt vielleicht von einem Schiff.

schon tausend Stück
Gute Arbeit, danke!

herstellen

Wer etwas herstellt,
weiß nicht immer ganz genau, was daraus wird.
Wer in der Gießerei

aus glühendem Metall Motorenteile gießt,
hört vielleicht nie,
ob der fertige Motor brummt oder schnurrt.

Denn wenn es soweit ist, gießt er schon 7000 Teile
für eine Brücke am Jangtsekiang.
Da kommt er selbst wahrscheinlich niemals hin.
Aber die Teile passen haargenau.
Und eines Tages

überquert bestimmt ein Moped diese Brücke,
mit einem Motorblock aus seiner Gießerei.
Sicher ist das nicht,
aber auf einer Urlaubsreise
sitzt du vielleicht sogar selber drauf.

Gock...

tauschen

„Zehn lebende Hühner für ein Schwein."
Vor der Erfindung des Geldes 
gab es nur Tauschgeschäfte.
Aber irgendwann kam das Geld auf den Markt.
Solange es noch keine richtigen Münzen gab,
wurde etwas anderes dafür benutzt.
Seltene Muscheln zum Beispiel.
„Fünf Muscheln für ein Schwein. 
Sonderangebot!"
Wenn also eine kleine  Kuh
soviel wert war wie vier große Schweine,
wie viele Muscheln musste man dafür bezahlen?
Und wie viele Hühner? 
Mit Geld zu bezahlen
ist zwar praktischer als tauschen,
aber nicht billiger.

so tun als ob

Schauspieler  tragen bei der Arbeit ein Kostüm.
Es ist leichter, wie eine Königin zu gehen und zu sprechen,
wenn du eine Krone trägst,
auch wenn sie nicht aus Gold ist. 
Alles wird gespielt im Theater,
nur die Gefühle der Zuschauer sind echt.
Manche sind richtig  traurig,
wenn auf der Bühne jemand weint. 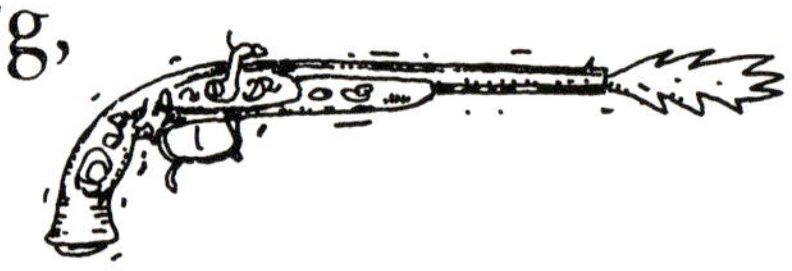
Oder sie haben Angst, wenn einer stirbt.
Im Theater wird gelacht, geweint und gestorben,
und als Schauspieler kann es sein, 
dass du jeden Abend im dritten Akt erschlagen wirst.
Aber das Theaterblut 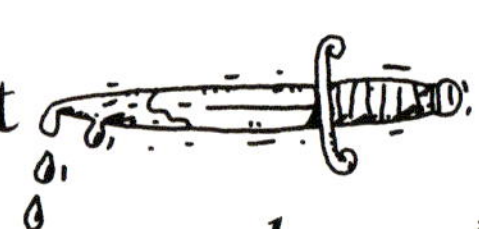
 schmeckt nach Pfefferminz.

Ich habe die Tat getan!
röchel...
schluchz.

nichts tun

Wenn dir keiner sagt, was du tun sollst,
tust du dann nichts?
Oder schaust du vielleicht den Vögeln zu
und denkst irgendwas?
Sich Zeit zu lassen ist jedenfalls keine Faulheit!

EPIKUR

singen

Bevor die Musik beginnt,
schauen alle gespannt auf die Sängerin.
Wie wird ihre Stimme klingen?
Und wovon handelt wohl ihr Lied?

Die Musikanten kennen es natürlich
und achten ganz genau auf jeden Ton.
Sie begleiten das Lied  auf ihren Instrumenten.
Mit viel Gefühl betonen sie den Rhythmus und die Melodie.
So kommt die Musik in deinen Ohren an,
und du spürst sie im ganzen Körper.
Du merkst es, wenn dein Fuß anfängt im Takt zu wippen.

Ein Schiff wird kommen und das bringt mir den einen, den ich so lieb wie keinen und der mich glücklich macht. Ein Schiff wird kommen und meinen Traum erfüllen.

vergessen

Vieles, was täglich getan wird,
kommt in diesem Buch nicht vor.
Es gibt derart seltsame Berufe,
und man kann so viel tun.
Einiges,  mussten wir weglassen,
manches haben wir vergessen.
Das Buch hat 40 Seiten,
der Tag hat 24 Stunden,
und wir mussten auch mal schlafen.
Das macht  jeder, aber es ist natürlich kein Beruf.
Was du auch tust,
ob du Rodeo reitest  oder Bücher liest,
etwas darfst du nie vergessen:
Zähne putzen.
Freundlich sein.